BEI GRIN MACHT SICH IHR
WISSEN BEZAHLT

- Wir veröffentlichen Ihre Hausarbeit,
  Bachelor- und Masterarbeit

- Ihr eigenes eBook und Buch -
  weltweit in allen wichtigen Shops

- Verdienen Sie an jedem Verkauf

Jetzt bei www.GRIN.com hochladen
und kostenlos publizieren

Hans-Jürgen Borchardt

Drei Verkaufstechniken, die den Umsatz steigern

Mit Beispielen

GRIN Verlag

Bibliografische Information der Deutschen Nationalbibliothek:

Die Deutsche Bibliothek verzeichnet diese Publikation in der Deutschen National-bibliografie; detaillierte bibliografische Daten sind im Internet über http://dnb.d-nb.de/ abrufbar.

Dieses Werk sowie alle darin enthaltenen einzelnen Beiträge und Abbildungen sind urheberrechtlich geschützt. Jede Verwertung, die nicht ausdrücklich vom Urheberrechtsschutz zugelassen ist, bedarf der vorherigen Zustimmung des Verlages. Das gilt insbesondere für Vervielfältigungen, Bearbeitungen, Übersetzungen, Mikroverfilmungen, Auswertungen durch Datenbanken und für die Einspeicherung und Verarbeitung in elektronische Systeme. Alle Rechte, auch die des auszugsweisen Nachdrucks, der fotomechanischen Wiedergabe (einschließlich Mikrokopie) sowie der Auswertung durch Datenbanken oder ähnliche Einrichtungen, vorbehalten.

Impressum:

Copyright © 2013 GRIN Verlag GmbH
Druck und Bindung: Books on Demand GmbH, Norderstedt Germany
ISBN: 978-3-656-46807-3

Dieses Buch bei GRIN:

http://www.grin.com/de/e-book/213262/drei-verkaufstechniken-die-den-umsatz-steigern

GRIN - Your knowledge has value

Der GRIN Verlag publiziert seit 1998 wissenschaftliche Arbeiten von Studenten, Hochschullehrern und anderen Akademikern als eBook und gedrucktes Buch. Die Verlagswebsite www.grin.com ist die ideale Plattform zur Veröffentlichung von Hausarbeiten, Abschlussarbeiten, wissenschaftlichen Aufsätzen, Dissertationen und Fachbüchern.

Besuchen Sie uns im Internet:

http://www.grin.com/

http://www.facebook.com/grincom

http://www.twitter.com/grin_com

3 Verkaufstechniken, die den Umsatz steigern

Der klassische Verkauf ist das Übereignen einer Ware oder Dienstleistung gegen Entgelt. Das war früher weitgehend der Normalfall, d. h. Ware gegen Geld, Punkt. Heute, im Zeitalter des überbordenden und zunehmend aggressiver werdenden Wettbewerbs, sind die „normalen" Verkaufsaktivitäten nicht mehr ausreichend. Die Angebote werden zunehmend mit Zusatzleistungen, Rabatten, Boni, Ergänzungen etc. ausgestattet, um den Verkauf zu unterstützen.

In der Zwischenzeit haben sich viele Verbraucher an diese Sonderleistungen so gewöhnt, dass sie teilweise als selbstverständlich vorausgesetzt werden. So werden Autos mit kostenfreien Inspektionen, Handyverträge mit „kostenlosen" Laptops oder Flachbildschirmen, Finanzierungen zu 0% etc. in Hülle und Fülle angeboten.

Diese oder ähnliche Verkaufstaktiken werden zunehmend auch von kleineren Unternehmen in der einen oder anderen Form eingesetzt. Wenig oder gar nicht dagegen werden drei andere Formen der Umsatzsteigerung genutzt, obwohl sie den Verkaufserfolg positiv beeinflussen und keine zusätzlichen Kosten verursachen.

1. Leistungsteilung bzw. Leistungsübertragung auf den Kunden

2. Kundenbindung durch (notwendige) Folgeaufträge

3. Erweiterung des eigenen Angebots durch Diversifikation

Zu 1. Leistungsteilung bzw. Leistungsübertragung auf den Kunden

Das Leistungssplitting oder die Übertragung von Leistungen auf den Kunden ist grundsätzlich bekannt. Die bekannteste Form ist die Selbstbedienung. Dass dieses Grundprinzip auch auf andere Bereiche übertragen werden kann, zeigen folgende Beispiele:

- Es gibt bereits viele „verkäuferlose" Bäckereien. Der Kunde muss sich, wie in jedem SB-Geschäft, seine Backwaren selbst nehmen und am Ende auch selbst einpacken. Im Ladenbereich ist nur noch eine Kassiererin tätig.

- Möbelgeschäfte verkaufen Möbel, die der Käufer selbst zusammen bauen muss.

- Im Gegensatz zu den meisten Radio- und Fernseh-Fachgeschäften müssen Käufer, die in „Märkten" gekauft haben, bei Reparaturen die Geräte selbst hin und zurück transportieren.

Die Reihe dieser Beispiele lässt sich fast endlos fortführen. Autowaschanlagen, wo man seinen Wagen selber wäscht, Waschsalons, Werkstätten, in denen man seinen Wagen -unter Anleitung- selbst repariert, Preisnachlass, wenn großformatige Waren selbst abtransportiert werden etc.

- Eine weitere Möglichkeit besteht darin, das Leistungsangebot *mehrfach* zu splitten. Ein Geschäft für Musikinstrumente entwickelte folgende 3-Preispolitik:

a) Wenn Musikinstrumente etc. ohne jede Beratungs-, Service- und Garantieleistung gekauft werden, erhalten die Käufer 30% Nachlass.

b) Wenn ein Musikinstrument im Geschäft ohne Beratung aber mit Garantie und mit Service gekauft wird, erhalten die Käufer 20% Nachlass.

c) Wird ein Musikinstrument im Geschäft gekauft wird und der Käufer wünscht eine umfassende Beratung und alle dazu gehörigen Garantie- und Serviceleistungen, wird ihm ein Nachlass von 5% gewährt.

Egal, ob Sie Handwerker sind oder Handel betreiben, überlegen Sie, welche Arbeiten möglicherweise der Käufer übernehmen kann und wie viel Preisnachlass Sie ihm dafür einräumen wollen.

Bei Handwerkern kann der Auftraggeber zum Beispiel die Schlussreinigung übernehmen oder die Arbeitsstelle vorbereiten (Demontage, Ausräumen, Folien auslegen Staubschutz vorbereiten etc.), oder er kann dem Gesellen beim Einbau, bei der Montage assistieren.

Handelshäuser können z. B. die Selbstabholung, beratungsfreie Bestellungen, das Ausfüllen scanfähiger Bestellformulare, die Reduzierung der Abladezeiten beim Besteller etc. honorieren. Wenn der gesamte Prozess der Bestellung, der Lieferung und des möglichen Service konsequent durchleuchtet wird, ergeben sich immer Möglichkeiten der Leistungsverlagerung.

Zu 2. Kundenbindung durch (notwendige) Folgeaufträge

Folgeaufträge können sowohl qualitativ als auch quantitativ generiert werden. Qualitativ, wenn eine Grundleistung angeboten wird, aber letztendlich eine Individualleistung verkauft wird. Quantitativ, wenn zunächst eine Grundleistung angeboten wird und anschließend weitere Folgeleistungen verkauft werden. Voraussetzung ist, dass das Angebot entsprechend in Grund- und Zusatzleistungen gesplittet ist.

Der Erstverkauf erfolgt zu Standard- oder Sonderkonditionen. Bei den Folgeaufträgen werden die Konditionen so angehoben, dass sich die Rendite deutlich verbessert. (Denken Sie nur an die Preise für Ersatzteile.) Auch hier ergeben sich –im Prinzip für jeden Unternehmer- viele Möglichkeiten, das Geschäft auszubauen.

Diese Taktik kann insbesondere von Dienstleistern eingesetzt werden. Es wird eine sehr preiswerte Grundleistung entwickelt, um die Interessenten als Kunden zu gewinnen. Ist der Interessent Kunde geworden, werden ihm (laufend) Ergänzungs-, Zusatz-, Komfort- oder Exklusivleistungen angeboten, damit weitere Umsätze getätigt werden können.

Webdesigner können z. B. als Folgeleistungen, Pflege/Aktualisierung der Seiten, Aufbau und Optimierung der keyword-Liste, Suchmaschinenoptimierung (SEO) anbieten.

Trainer haben zwei Methoden, Folgeaufträge zu generieren. Entweder beginnen sie mit einem Generalthema, z. B. CRM, in dem sie die Bedeutung der

Kundenpflege generell aufzeigen, aber die 10 Handlungsfelder in diesem Bereich nur anreißen und als Folgeleistungen aktiv anbieten. Oder sie arbeiten in der umgekehrten Reihenfolge und beginnen mit einem Detailthema. Dort können Sie dann die Notwendigkeit der Erweiterung des Themas ebenfalls entsprechend einbauen.

Gastronomen können unterschiedliche Serviceangebote entwickeln oder können ihr Tagesmenü in vier Varianten anbieten, Hauptgericht, (Grundangebot) Hauptgericht und Vorspeise, Hauptgericht und Nachspeise, Hauptgericht mit Vor- und Nachspeise. (Weitere Kombinationen sind denkbar, wenn auch noch Getränke und Kaffee/Espresso berücksichtigt werden.)

Zu 3. Erweiterung des eigenen Angebots durch Diversifikation

Hier ist zu unterscheiden zwischen horizontaler und vertikaler Diversifikation. Beispiel: Horizontale Diversifikation ist, wenn ein Webdesigner sein Angebot mit Textleistungen ergänzt. Vertikale Diversifikation ist, wenn der Webdesigner seinem Angebot Dienstleistungen wie Predictive Behavioral Targeting (PBT), Google Adwords, Google AdSense etc. hinzu fügt.

Wenn man diese Anregungen nicht nur wörtlich nimmt, sondern als Anstoß zur Leistungsergänzung sieht, ergeben sich weitere Impulse. Z. B. Berater können eine Probeleistung anbieten, um Interessenten zu überzeugen und für sich zu gewinnen.

Eine weitere Möglichkeit, die insbesondere von kreativen Dienstleistern eingesetzt werden kann, ist das Arbeiten nach einer Preisliste. Das hat für den Kunden den Vorteil, dass er eine absolute Preistransparenz hat. Er weiß im Voraus, was welche Leistung kostet und ist somit vor (Preis-)Überraschungen sicher. Natürlich ist das problematisch, aber ich selbst habe mit meiner Agentur viele Jahre mit einer Preisliste gearbeitet, die wir allerdings nur Stammkunden gegeben haben. Aber bereits beim 1. Kontakt haben wir auf diese Besonderheit hingewiesen. Da die Preisliste etwa 80% aller anfallenden Arbeiten abdeckte gab es nie Reklamationen oder Gespräche über den Preis. Wir waren damit sehr erfolgreich, denn die Zusammenarbeit mit unseren Kunden dauerte durchschnittlich fast 10 Jahre, obwohl wir nie auf Vertragsbasis gearbeitet haben.

Ebenso haben wir sehr stark mit Checklisten gearbeitet. Für Texte, Kampagnen, Konzepte, Aktionen etc. hatten wir detaillierte Fragebögen. Wenn unsere Kunden eine derartige Checkliste vollständig ausgefüllt hatten, waren wir im Besitz einer eindeutigen Aufgabenbeschreibung mit konkreter Zielvorgabe. Somit wurden Missverständnisse und Fehlinterpretationen vermieden und der Zeitaufwand beim Kunden wurde deutlich reduziert. Dafür bekam dieser für seine Arbeit eine Gutschrift in Höhe einer Beratungsstunde.

Wenn Sie sich mit diesem Thema beschäftigen und eigene Lösungen suchen, sollten Sie immer folgendes berücksichtigen:

1. Die Kunden sollen langfristig gebunden werden. Je länger Sie die Kunden an Ihr Unternehmen binden, desto geringer können Sie Ihren Aufwand für die Gewinnung neuer Kunden halten.

2. Kundenbindung ist nachhaltige Blockade der Wettbewerber. „Gebundene" Kunden sind für die Wettbewerber nicht erreichbar. Deshalb ist es notwendig, dass Sie bei Ihren Überlegungen immer nach Lösungen suchen, die für möglichst lange Zeiträume gelten.

3. Denken Sie daran, die Kosten, die bei diesen Maßnahmen möglicherweise entstehen, sparen Sie bei den Ausgaben für Werbung vielfach wieder ein.

4. Sie müssen Ihre gesamte Leistungspalette konsequent nach derartigen Erweiterungen untersuchen. Anschließend müssen die gefundenen Möglichkeiten strukturiert werden, damit sich für die Kunden sowohl attraktive Teilangebote als auch ein interessantes Gesamtangebot ergibt.

Zum Schluss:

Wenn Sie über Ihre eigenen Möglichkeiten nachdenken, sollten Sie sich an das bekannte Sprichwort erinnern: „Wer neue Ziele erreichen will, muss neue Wege gehen." Oder mit anderen Worten: „Anbieter mit durchschnittlichen Angeboten und Leistungen werden nie eine Spitzenposition einnehmen." Im Gegenteil, wer mit seinen Wettbewerbern austauschbar ist, muss sich immer wieder –zu Lasten seiner Rendite- über den Preis attraktiv machen. Aber das ist die schlechteste aller Lösungen.

Hans-Jürgen Borchardt